피제트와 에코는
멸종되어 가는 매를 보호하기 위해
사람이 부화시킨 새끼매예요.
피제트와 에코는 무사히 자연에 적응할 수 있을까요?

글_ 스테이시 패터슨
미국 캘리포니아대학에서 생물학을 전공하고 사우스베이 야생 동물 재활 훈련소에서 맹금류 재활 및 조련사로 자원 봉사 활동을 했습니다. 현재 캘리포니아 주 조이스 아이젠버그키퍼 유방암 센터의 소장으로 일하고 있으며, 송골매 보호 활동에 적극 앞장서고 있습니다. 쓴 책으로 〈독수리의 세계〉 등이 있습니다.

그림_ 바딤 고르바초프
1940년 러시아 모스크바에서 태어났습니다. 어린 시절부터 그림을 그렸으며, 대학 시절부터 야생 동물을 그리기 시작했습니다. 현재 러시아는 물론 인도, 유럽, 알래스카 등지에 사는 야생 동물을 그리고 있습니다.

옮김_ 박주영
서강대학교에서 영어영문학을, 대학원에서 영문학을 전공했습니다. 영국 맨체스터대학교에서 TESOL(영어교육학)을 전공했습니다. 현재 시립 인천대학교 교양 영어에서 영작문과 토익을 가르치는 한편, 프리랜서 번역가 및 영어 학습서 집필가로 활동하고 있습니다. 〈중국까지 굴을 팔 거야〉 및 동화책 14권을 영한 혹은 한영으로 번역했고, 〈Style English〉라는 영어회화 책을 집필했습니다.

> 이 책의 표지는 일반 용지보다 1.5배 이상 고가의 고급 용지인 드라이보드지를 사용해 제작했습니다. 표지를 드라이보드지로 제작하면 습기의 영향을 덜 받아 본문 용지가 잘 울지 않고, 모양이 뒤틀리지 않아 책을 오랫동안 보존할 수 있습니다.

> 이 책은 기존의 석유 잉크 대신 친환경 식물성 원료인 대두유 잉크를 사용해 인쇄하였습니다. 대두유 잉크는 선진국에서 널리 사용하고 있는 고가의 대체 잉크로, 휘발성이 적어 인쇄 상태의 품질이 좋고, 인체에 무해할 뿐만 아니라 눈에 부담을 주지 않는 자연스러운 색을 내는 특징이 있습니다.

> 한국헤밍웨이의 도서 구입처에서 **한국헤밍웨이 무료 교육센터** 회원증을 발급해 드립니다. 회원증을 가지고 무료교육센터에 오시면 대학 교수 및 유·초등 교사 자격증을 소지한 선생님들로부터 과목별 특강과 논술, 독서법 등을 무료로 교육받을 수 있고, 한국헤밍웨이 출간 도서 40여 종과 최첨단 시청각 교육실, 다양한 놀이 시설 등을 무료로 이용할 수 있습니다. 한국헤밍웨이 무료교육센터는 현재 운영 중인 **분당점, 부천점, 노원점, 영등포점, 오산점, 강동점** 등을 포함, 전국 주요 도시 24곳에서 운영될 예정입니다. 자세한 내용은 한국헤밍웨이 홈페이지를 참고해 주십시오.

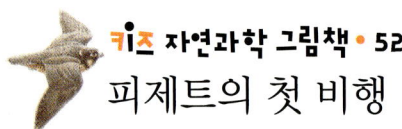

키즈 자연과학 그림책 · 52
피제트의 첫 비행

펴 낸 이	전병용
펴 낸 곳	(주)한국헤밍웨이
주 소	서울특별시 송파구 석촌동 7-3번지
대 표 전 화	(02)470-7722 · 475-2772
팩 스	(02)470-8338 · 475-2552
연구개발원 · 회원무료교육센터	
주 소	경기도 성남시 분당구 금곡동 444-148
대 표 전 화	(031)715-7722 · 715-8228
팩 스	(031)786-1100 · 786-1001
고 객 문 의	080-715-7722
출 판 등 록	제17-354호
편 집	조애경, 임미옥, 송은미, 이영혜, 김미란, 김태정, 이여신, 박정수, 김지균, 왕혜선, 박현혜, 우다현, 조선학
디 자 인	전경숙, 김진아, 이수현, 우지영, 선우소연, 조수진, 박미경, 이정하, 김지원, 이둘영, 송미현, 정년화
이미지 제공	이미지클릭

Fidget's Freedom
Text copyright © by Stacey Patterson
Illustrations copyright © by Vadim Gorbatov
First published by Moonlight Publishing, Lafayette, CO, USA, www.moonlightpublishing.com
All right reserved.
Translation copyright © Korea Hemingway
This Korean edition is published by arrangement with Moonlight Publishing through the Shinwon Agency

이 책의 한국어판 저작권은 Shinwon Agency를 통해 Moonlight Publishing과의 독점 계약으로 한국헤밍웨이에 있습니다.
저작권법에 의해 한국 내에서 보호를 받는 저작물이므로 무단 전재와 무단 복제를 금합니다.

전64권(부록 5권 포함) www.hemingway-book.co.kr

⚠ 주의 : 본 교재를 던지거나 떨어뜨리면 다칠 우려가 있으니 주의하십시오. 고온 다습한 장소나 직사광선이 닿는 장소에는 보관을 피해 주십시오.

키즈 자연과학 그림책 52 생물 환경

피제트의 첫 비행

글 스테이시 패터슨 | 그림 바딤 고르바초프 | 옮김 박주영

한국헤밍웨이

가파른 산꼭대기 절벽 위의 우리 안에
새끼매 **피제트**와 **에코**가 들어 있어요.
피제트는 해가 지고 밖이 깜깜해지자
조용히 잠이 들었어요.

피제트는 눈을 번쩍 떴어요.
밖은 아직도 깜깜했어요.
피제트는 힘이 넘쳤어요.
깃털이 다 자란 날개를
쫙 펼쳐 보고 싶었지요.

피제트는 창살 밖을 내다보았어요.
산과 계곡이 희미하게 보였어요.
주위는 조용했지요.

피제트는 동생 에코를 깨웠어요.
에코는 한쪽 눈을 뜨고 피제트를 노려보더니
머리를 날개 속에 파묻고 다시 잠이 들었어요.
피제트는 깃털을 잔뜩 세우고 날개와 다리를 뻗었어요.
이제 날 때가 왔다는 것을 알았지요.

햇살이 우리 안을 비추자
에코가 잠에서 깼어요.
피제트와 에코는 밖을 내다보았어요.

그런데 갑자기 이상한 소리가 들려왔어요.
피제트와 에코는 고개를 들어 위를 쳐다보았지요.
소리는 머리 위에서 났어요.

그러더니 곧 이상한 일이 일어났어요.
피제트의 앞을 가로막고 있던 창살이
천천히 움직이기 시작한 거예요.
피제트의 눈앞으로 계곡과 산,
나무들이 또렷하게 보였어요.

피제트가 우리 밖으로 나가려는데
에코가 통통하게 살찐
메추라기를 먹고 있었어요.
**메추라기는 피제트가
제일 좋아하는 먹이였어요.**

피제트는 메추라기를 움켜쥐었어요.
에코도 메추라기를 움켜쥐었지요.
바로 그 때, 피제트는 옆쪽에 메추라기
한 마리가 더 있는 것을 발견했어요.
둘은 싸우지 않고 메추라기를 먹어요.

배부르게 먹고 나자 잠이 왔어요.
피제트는 깃털을 잔뜩 부풀린 채 다리 하나를
접어 배에 붙인 다음 잠을 잤어요.

잠에서 깬 피제트는 날개를 들어올리고
아래에서 불어 오는 바람을 느껴 보았어요.

날개를 얼른 접었다가 다시 펼치자
피제트의 몸이 공중으로 들렸어요.

피제트는 날 수 있었어요!
있는 힘껏 날개를 퍼덕거려
저 아래 보이는 나뭇가지를 향해 갔어요.

그런데 갑자기 하늘이 어두워지더니
피제트의 머리 위로 큰 그림자가 드리워졌어요.
피제트는 그렇게 큰 새를 본 적이 없었어요.
그건 바로 황금독수리였어요!

피제트는 몸을 돌려 세차게 날갯짓을 했어요.
그 순간 커다랗고 시커먼 발톱이
피제트를 향해 뻗어 왔어요.
피제트는 더 세차게 날개를 퍼덕거렸어요.

그 순간, 피제트는 어떻게
해야 할지 알았어요.
피제트는 매니까요.
날개를 접고 몸을 빙빙 돌리며
아래로 곤두박질쳤어요.

황금독수리가 뒤쫓아왔어요.
피제트는 우리로 돌아가야만 했지요.

마침내 피제트는 우리로 돌아왔어요.
황금독수리가 우리 옆을 스쳐 날아가자
피제트는 숨을 죽였어요.
이제 안전해졌어요.

잠을 자던 피제트가 눈을 떴어요.
계곡의 산과 나무가 희미하게 보였어요.
주위는 조용했지요.
피제트는 에코 옆에 바짝 붙어서 다시 잠을 잤어요.

다음 날도 피제트와 에코는
메추라기를 배불리 먹었어요.
피제트는 천천히 우리 가장자리로 갔어요.
주변이 또렷하게 보였어요.

피제트는 날개를 높이 들어올렸다가,
다시 아래로 천천히 내렸어요.
발은 우리 가장자리를
단단히 딛고 있었지요.

피제트, 날아오를 준비 됐니?

물론 준비가 됐지요!
피제트는 매니까요.
날개를 활짝 편 피제트는
하늘을 향해 힘차게 날아올랐어요.

키즈 자연과학 그림책

쏜살같이 빠르게 나는 새, 매

매는 꺾어질 듯 가파른 절벽이나 험한 바위산에 살며 작은 새나 동물을 잡아먹어요. 매는 날카로운 발톱으로 단숨에 먹이를 낚아채는 타고난 사냥꾼이지요. 매가 사냥감을 발견하면 시속 200킬로미터 이상의 빠른 속도로 아래를 향해 돌진하듯 비행을 한답니다. 그리고 재빨리 먹이를 낚아채지요.

작은 동물을 잡아먹어요

▲ 멧비둘기를 먹고 있는 매

새나 쥐, 비둘기 등 작은 동물을 잡아먹는 육식성 새인 매는 전세계에 61종이 있으며, 그 가운데 6종이 우리 나라에 서식하고 있어요. 매와 같은 새를 '맹금류'라고 해요. 맹금류란 작은 동물을 잡아먹고 사는 새를 말해요. 황조롱이, 부엉이, 올빼미, 독수리 등이 여기에 속하지요. 맹금류는 성질이 사납고, 크고, 날쌜 뿐만 아니라 청각이 매우 발달했어요.

큰 먹이를 한 번에 먹지 않고 몇 차례에 나누어 먹는 습성이 있는 매는 주로 해안이나 섬 지방의 절벽, 높은 나무 위에 둥지를 짓고 사는 텃새로, 현재 천연 기념물 제323호로 지정된 멸종 위기의 동물이에요.

Q. 매는 어떻게 먹이를 사냥할까요?

매는 먹잇감을 발견하면 쏜살같이 날아가 발톱으로 낚아채지요. 그러면 놀란 먹잇감은 발톱에 채인 충격으로 죽어요.

사냥에 이용되었어요

▲ 송골매

옛날부터 사람들은 매를 길러 사냥에 이용하기도 했어요. 사람에게 사육되어 사냥에 이용되는 매를 '송골매'라고 부르기도 해요. 송골매 중에서 새끼 때부터 길들여진 매를 '보라매' 또는 '해동청'이라고 하고 야생에서 자란 새끼매를 '수지니', 큰 야생매를 '산지니'라고도 하지요.

Q. 솔개와 매의 차이점은 무엇일까요?

매와 비슷한 새로는 솔개가 있어요. 이 둘은 생김새도 비슷하고 크기도 비슷해서 구분하기 쉽지 않아요. 그러나 매와 솔개는 아주 다른 특징을 갖고 있어요.

▲ 날갯짓을 하는 솔개

솔개는 매의 한 종류이지만 부리와 발톱이 날카롭지 않기 때문에 매처럼 능숙하게 사냥을 할 수 없답니다. 그래서 솔개는 사냥을 하는 대신 죽은 동물을 먹고 살아요.

암컷과 수컷이 함께 새끼를 길러요

매는 서식지를 잘 옮기지 않기 때문에 한 번 둥지를 틀면 그것을 계속 고쳐서 사용해요. 매는 짝짓기가 끝나면 둥지를 짓고 알을 낳아요.

보통 새들은 암컷 혼자 새끼를 기르는 경우가 많지만, 매는 수컷과 암컷이 함께 힘을 합쳐 새끼를 길러요. 암컷 매가 알을 품고 있으면 수컷은 먹이를 잡아 암컷에게 주지요.

새끼매는 배에 세로줄 무늬가 있는데 혼자서 사냥을 할 수 있을 정도로 자라면 이 세로줄 무늬가 사라지게 된답니다.

▲ 새끼를 보호하고 있는 어미매

Q. 매는 얼마나 빠르게 날 수 있을까요?

매는 시속 200킬로미터가 넘는 속력으로 날 수 있어요. 포유류 중 가장 빠르다는 치타의 달리는 속도가 시속 110킬로미터 정도인 것과 비교하면 매가 얼마나 빠르게 나는 것인지 짐작할 수 있지요.

멸종 위기에 놓여 있어요

매는 한 번에 2~4개의 적갈색 알을 낳아요. 새끼매는 5~6주 동안 부모로부터 보살핌을 받은 후 하늘을 날 수 있을 무렵이 되면 독립하여 살게 되지요. 그런데 최근에는 매의 수가 갈수록 줄어들어 멸종 위기에 놓이게 되었어요.

매의 수가 이렇게 줄어들게 된 가장 큰 원인은 무분별한 화학 살충제의 사용 때문이에요. 사람들이 무분별하게 사용한 살충제를 먹은 벌레를 멧비둘기나 참새 등 작은 새들이 잡아먹게 되고, 다시 그 작은 새를 매나 독수리 같은 새들이 잡아먹게 되지요.

▲ 화학 살충제로 인해 약해진 매의 알은 새끼로 자랄 수 없어요.

이렇게 해서 많은 양의 화학 살충제가 몸 안에 그대로 쌓이게 된 매는 알을 낳지 못하거나, 껍데기가 아주 얇고 약한 알을 낳게 돼요. 이 알이 새끼매로 부화하지 못하게 되면서 결국 매의 수가 점점 줄어들게 된 것이지요.

미국과 캐나다 동부 지역은 현재 매가 멸종된 상태예요. 전세계적으로 매의 수가 급격하게 줄어들어 희귀종이 되었답니다.

매를 보호해요

멸종 위기에 처한 매를 보호하기 위해 사람들은 다양한 노력을 기울이고 있어요. 천연 기념물로 지정하여 매를 함부로 사냥할 수 없도록 하고, 이 책에서처럼 인공적인 방법으로 매의 알을 부화시키기도 하지요. 사람들은 매를 인공적으로 부화시킨 다음 혼자 힘으로 날 수 있을 때가 되면 자연으로 돌려보내고 있답니다.

_서강원(서울교육대학교 영재과학연구소 연구원)

세계 곳곳에 사는 매

매의 종류는 61종이나 된답니다.
어떤 매가 어디에 살고 있을까요?

황조롱이
도시의 환경에 잘 적응하여 도심 속에서 살아가는 황조롱이는 절벽이나 바위벽 대신 아파트 베란다의 화분이나 빌딩 간판, 가로수, 굴뚝 등에 집을 짓고 살아요. 황조롱이는 중국, 일본, 인도, 말레이시아 등에 널리 분포하고 있어요.

붉은배새매
여름철에 우리 나라를 찾아오는 철새로 몸 길이가 28센티미터 정도예요. 가슴과 옆구리에 붉은색 털이 있어서 '붉은배새매'라고 부르지요. 주로 참나무, 소나무, 밤나무 등의 나뭇가지에 접시 모양의 둥지를 짓고 살아요.